L 27
Ln 11863
A.

MÉMOIRE

POUR

A. LEBLANC,

DE BESANÇON (DOUBS).

La première édition a été publiée en 1819.

MÉMOIRE

POUR

A. LEBLANC,

DE BESANÇON (DOUBS),

CHEVALIER DE LA LÉGION D'HONNEUR, LIEUTENANT AU 2ᵉ RÉGIMENT
DES CHASSEURS A CHEVAL DE L'EX-GARDE IMPÉRIALE.

SECONDE ÉDITION.

PARIS,

DE L'IMPRIMERIE DE DAVID,
RUE DU FAUBOURG POISSONNIÈRE, N° 1.

1824.

MÉMOIRE

Pour A. LEBLANC, *de Besançon (Doubs), Chevalier de la Légion d'Honneur, Lieutenant au 2ᵉ Régiment des Chasseurs à cheval de l'ex-Garde impériale.*

Accusé, condamné comme coupable d'un crime dont je n'aurais pas même dû être soupçonné, j'allais subir une peine infâme, qui ne devait finir qu'avec ma vie.... La justice éclairée du Roi m'a rendu à l'honneur, à la liberté. Jeune encore, mais couvert de blessures, je réclame la retraite attribuée à mes services et à mon grade.... Depuis plus d'un an, j'invoque des droits que la loi et l'humanité garantissent, et je ne suis pas entendu.

On me conteste mon grade d'officier, acquis au champ d'honneur, constaté par pièces authentiques; je ne parle pas de mon dernier grade, que la déclaration spontanée des officiers de l'ex-Garde a dûment établi.

Un article évidemment faux a été inséré dans le *Journal de Paris*; j'ai, il est vrai, obtenu une tardive rétractation; mais il m'importe que la vérité tout entière soit connue; il m'importe de repousser en même temps tous les traits de la calomnie, que le retour du règne des lois et les arrêts de l'opinion publique n'ont pu encore réduire au silence.

L'auteur de l'article(1) convient d'abord que la condamnation prononcée contre moi n'était qu'une erreur judiciaire ; il laisse, comme à regret, échapper cette concession.

C'est à moi de le prouver, et il me suffira de raconter les faits ; leur véracité ne pourra être contestée ; je puiserai mes documens dans l'instruction même de cet étrange procès, et dans les déclarations authentiques qui formaient une partie essentielle et obligée de l'instruction, et qu'on en a écartées.

Un crime avait été commis... quel en était l'auteur? cette question d'identité, la première qui s'offrait à l'examen, n'a pas même arrêté un seul instant l'attention de M. le capitaine rapporteur; tout ce qui pouvait éclairer la conscience des juges sur ce point important et décisif, a été repoussé avec une obstination aussi difficile à concevoir qu'à justifier.

Quel pouvait être le résultat d'une telle aberration, d'un tel oubli des premiers devoirs de la justice et de l'humanité? Malgré le silence de M. le rapporteur, la vérité a percé de toutes parts les voiles dont on a tâché d'envelopper l'examen de la cause.

Il me suffira, pour démontrer l'injustice de la décision du conseil de guerre, qu'il ne faut pas appeler *jugement* (car un jugement suppose une instruction préalable, impartiale et complète); il me suffira de raconter les faits, tels qu'ils résultent des déclarations des témoins entendus, de celles même du plaignant, et d'indiquer quelques documens irrécusables que, malgré ma légitime instance, on s'est opiniâtré à ne vouloir pas recueillir et présenter au conseil.

Voy. *Pièces justificatives*, n°s 1, 2 et 3.

FAITS.

Après la désastreuse journée de Waterlo, l'armée française se réunissait sous les murs de Paris ; déjà des camps redoutables protégeaient sa vaste enceinte ; l'Europe armée marchait contre la capitale de la France, qui fut envahie, mais jamais conquise.

On se rappelle quelles inquiétudes et quelles espérances agitaient tous les esprits, avant que la *convention de Paris* eût dirigé l'armée au-delà de la Loire.

Antérieurement à ce traité, et dans les derniers jours de *juin*, l'exaltation était toujours croissante.

Le 29, entre huit et neuf heures du matin, le 2e. régiment des chasseurs à cheval de la Garde impériale passait sur le boulevard Poissonnière et se dirigeait hors de Paris.

Ce régiment se trouvait en face de la rue Poissonnière ; les chasseurs répétaient les cris de *vive l'Empereur !* en brandissant leurs sabres ; un des spectateurs, le sieur Rainfray, serrurier, répond à ces cris par celui de *vive le Roi !*

Plusieurs chasseurs sortent des rangs, se dirigent vers Rainfray ; un seul le poursuit, l'atteint et le frappe de son sabre.

Rainfray est transporté dans les bâtimens du Conservatoire ; un procès-verbal, dressé à l'instant même, constate les blessures et leur cause ; heureusement, elles ne furent pas mortelles.

L'auteur de cette agression devait être puni ; il l'aurait été sans doute, si les poursuites eussent dès lors été consommées ; mais Rainfray ne porte aucune plainte, ni avant, ni après la retraite de l'armée au delà de la Loire ; aucune voix accusatrice ne s'était élevée contre son assassin.

Cependant tous les journaux avaient donné à ce triste événement la plus grande publicité ; un acte judiciaire en avait constaté les principales circonstances ; les tribunaux avaient repris leurs attributions et leur indépendance ; l'armée était licenciée, et nulle poursuite légale n'avait été commencée.

Le malheureux Rainfray avait été poursuivi et frappé sous les fenêtres et presque sous les yeux de M. Martin, agent de change, demeurant rue Poissonnière, n°. 37, jouissant d'une considération aussi étendue que méritée. Cet estimable citoyen raconte ainsi ces circonstances dont il a été témoin oculaire (1).

Ni M. Martin, ni les personnes de sa maison, ni d'autres voisins témoins de l'événement, n'ont été appelés, quoiqu'il fût de notoriété publique qu'ils en avaient *vu* les moindres circonstances.

Mais qu'auraient-ils dit qui n'eût été déjà déclaré par les autres témoins, et par Rainfray lui-même? que *le coupable était en pelisse rouge et schakos rouge, était gros et paraissait âgé d'environ quarante ans.* Je n'en avais pas *vingt-cinq*; je suis *mince*; je n'avais alors encore que mon uniforme du 4ᵉ. de hussards, *dolman bleu et colback noir; je n'étais pas à Paris le 29 juin; aussi, Rainfray lui-même ne m'a-t-il pas reconnu pour le cavalier qui l'avait frappé.*

---

(1) Voir *Pièces Justificatives*, n° 4.

Mes services, les grades que j'ai obtenus, le tableau de ma vie militaire se rattachent spécialement à ma demande de retraite ; je me hâte, sans exposer cet objet, de continuer le récit de l'horrible procédure dont j'ai été victime.

La gloire, cette providence des guerriers, animait ma frêle existence; je ne me trouvai plus de force dès qu'il ne fallut plus combattre.

Après le licenciement de l'armée, j'attendais à Clermont-Ferrand, sur le lit de douleur, que je fusse en état de soutenir les fatigues du voyage jusqu'à Besançon, ma patrie, et que je pusse me retirer auprès de mon vieux père, qui compte presque un siècle de vie et d'honneur; l'espoir de le revoir allait bientôt se réaliser ; tout-à-coup je suis arraché aux soins consolateurs de mes hôtes, traîné de Clermont à Paris comme le plus infâme brigand qu'auraient signalé à l'implacable sévérité des lois l'indignation publique et le cri vengeur de ses nombreuses victimes.

Qui n'aurait cru alors que déjà mille preuves m'accusaient d'avoir commis l'assassinat du 29 juin? et voici sur quels indices j'étais si cruellement poursuivi.

Une main ennemie et familiarisée avec l'imposture avait jeté sur l'état du personnel des officiers de l'armée, cette note à côté de mon nom : *on dit qu'il a tué un habitant de Paris.* ON DIT!....

Je ne devais échapper à aucune douleur, à aucun revers.

Depuis le 1er novembre 1815, j'étais constamment alité ; tous les secours de l'art et de l'amitié m'étaient prodigués ; je suis jeune encore : la nature a bien des ressources à mon âge ; j'espérais ne conserver de mes blessures que d'honorables cicatrices; les chirurgiens fixaient au printemps l'époque de ma tardive convalescence : vaine illusion! bientôt à l'espérance d'un si heureux avenir, allaient succéder la torture et l'infamie.

Le 10 janvier 1816, je reçois une lettre d'un de mes plus chers et plus anciens compagnons d'armes; il me prévenait que le gouvernement avait donné l'ordre de m'arrêter, que je n'avais pas un instant à perdre pour me mettre en sûreté.

Fort du témoignage d'une conscience sans reproche, n'ayant jamais eu à rougir d'aucun instant de ma vie, je résiste aux avis, aux prières de mes amis, qui m'entourent et me pressent de me faire transporter ailleurs, et qui m'offrent les moyens les plus prompts et les plus sûrs de m'y conduire.

Je les remerciai de leur généreux dévoûment; je n'avais jamais reculé devant l'ennemi de ma patrie, je bravai la calomnie ; se cacher, ç'aurait été fuir : tant de prudence me paraissait une lâcheté et un outrage au gouvernement; je ne fis rien, je ne permis rien pour me soustraire à la surveillance des magistrats et à la vengeance des lois dont je n'avais rien à redouter. Je restai. Le 13 du même mois, un maréchal des logis de la gendarmerie vient me dire que le maire désire de me parler ; je demande une chaise et me fais porter à la mairie; la maison d'arrêt était dans le même bâtiment : j'y suis constitué prisonnier, et on m'apprend que je dois être transféré le lendemain à Paris, comme *prévenu d'avoir assassiné un individu criant* VIVE LE ROI !

Depuis trois mois, je crachais le sang; j'étais hors

d'état de me mettre en route ; je demande et j'obtiens un délai de quinze jours. Ce délai expiré, loin de solliciter un nouveau sursis, je presse moi-même mon départ : il me tardait d'être devant mes juges, et de confondre le lâche qui m'avait calomnié.

On me fait voyager par correspondance extraordinaire, c'est-à-dire, de brigade en brigade, et sans prendre de séjour.

L'ordre du capitaine de gendarmerie de Clermont, dont le chef de l'escorte qui m'accompagnait était porteur, énonçait que j'avais *assassiné un brave royaliste qui criait* VIVE LE ROI ! et sur toute la route, il me fut facile de reconnaître les lieux de résidence des officiers de gendarmerie, par un redoublement de sévérité insultant ; des gendarmes me gardaient à vue toute la nuit ; presque à chaque correspondance, j'étais obligé de donner cinq francs par gendarme, si je ne voulais aller à pied ; et l'on était obligé de me porter sur ma voiture, tant j'étais incapable de me servir de mes membres ! *Il y eut des jours où je déboursai, à ces généreux compagnons de voyage, jusqu'à dix-huit pièces de cinq francs !*

Avant mon départ de Clermont, j'avais envoyé chercher le docteur Chaumette, pour le consulter sur ma situation, et lui demander les remèdes nécessaires pour rendre mes douleurs moins insupportables pendant le cours d'une route aussi longue et aussi pénible.

Le docteur me remit une ordonnance pour la composition d'un emplâtre calmant, que j'envoyai au pharmacien le plus voisin de la prison, et qui fournissait aux prisonniers malades les remèdes qui leur étaient prescrits.

Le fait que je vais raconter passe toute vraisemblance, et n'en est pas moins de la plus exacte vérité ; il prouve à quel point le fanatisme politique et l'esprit de parti peuvent étouffer, dans l'âme des réacteurs, tout sentiment d'humanité.

Informé par le commissionnaire (le fils du concierge) que l'emplâtre était destiné à un officier de la Garde qui allait partir à l'instant même pour Paris, le pharmacien répond qu'il va donner un calmant plus lénitif que celui ordonné par le docteur Chaumette, et que l'officier de la Garde *se souviendra de lui ;* et il substitue au remède prescrit, un emplâtre surchargé de cantharides, et d'une telle épaisseur, que je crus ne devoir en employer qu'une partie, et garder le reste pour le lendemain.... Cet excédent, je l'ai encore.

L'infernale composition ne tarda pas à faire sentir sa force corrosive ; on me fit faire quinze lieues cette première journée ; le soir ma cuisse était brûlante, les douleurs les plus aiguës déchiraient toutes les parties de mon corps, surtout les articulations droites. Le pharmacien de la prison de Clermont l'avait bien dit : l'officier de la Garde *se souvint de lui* et *de son emplâtre.*

J'étais loin cependant de soupçonner la véritable cause de mes souffrances ; je ne l'attribuais qu'à la rapidité de la route ; je passai cette première nuit sans sommeil et sans repos.

Le lendemain, à la pointe du jour, il fallut se remettre en route : je fis d'inutiles efforts pour allonger la jambe droite; on fut obligé de me porter sur une charrette découverte, sans manteau et au milieu d'une pluie épouvantable; je fus cahoté pendant une marche continuelle de douze lieues, de Gannat à Moulins.

Epuisé de douleur et de fatigue, glacé de froid, j'apprends, en entrant dans la prison, que je ne puis espérer d'y avoir un lit; elle se trouvait encombrée de prisonniers pour opinions politiques; j'étais condamné à attendre le lendemain sur le pavé, quand un officier détenu comme suspect (il avait suivi son chef à l'île d'Elbe), informé de mon grade et du régiment dans lequel j'avais servi, en prévient les autres prisonniers, presque tous citoyens de Montluçon, arrêtés aussi comme suspects, pour avoir logé des officiers de mon régiment.

Ces malheureux me reçoivent dans leur réduit; un d'eux m'offre son lit : parmi eux se trouve un médecin, j'implore ses secours et ses conseils. A la vue de l'emplâtre empoisonné, il s'étonne, il s'indigne, me questionne... Je lui rappelle à peu près les termes de l'ordonnance du médecin de Clermont que j'avais lue : « Jeune homme, s'écrie-t-il, on vous » a assassiné !..... le remède ordonné par le doc- » teur Chaumette était salutaire; son ordonnance » n'a pas été suivie..... » Et l'obligeant prisonnier me panse lui-même. Que ne m'a-t-il été permis de profiter un jour ou deux de son obligeance ! J'avais le plus urgent besoin de ses secours et de ses conseils.... Vainement j'en fais la demande, dans les termes les plus pressans, les plus respectueux, à M. le préfet de Moulins, par la voix d'un sous-officier de la gendarmerie. Ma prière est-elle parvenue jusqu'à lui ?... « Il faut, *mort ou vif*, qu'il arrive sans nul retard à Paris. » Telle fut l'unique réponse que rapporta le porteur de mon humble réclamation.

Je partis, ou plutôt on me traîna mourant de Moulins à Cosne; la prison était aussi encombrée que celle de Moulins. Je ne vis que le concierge : que je dois de reconnaissance à ses généreux procédés! Le préfet de Moulins avait été sans pitié; le concierge de la prison de Cosne me céda son lit et resta près de moi toute la nuit! J'ai fait depuis un bien long séjour dans les prisons (j'excepte le concierge de la prison de l'Abbaye dont je n'ai qu'à me louer): et ce trait est le seul que je puisse citer. Qu'il en est peu, dans ces tristes emplois, qui sachent, comme le concierge de Cosne, allier les soins qu'exige une infatigable surveillance aux égards que commande l'humanité!

Le trajet de Cosne à Paris fut fait dans deux jours; j'arrive à Paris.... je suis conduit devant le général Despinois, qui m'envoie à la prison de l'Abbaye.

A la réponse qui me fut faite à Moulins, et à l'étonnante rapidité de ce douloureux voyage, qui n'eût cru que, dès que je serais arrivé *vif* à Paris, j'allais être interrogé, et qu'on n'attendait que ma présence pour commencer l'instruction contradictoire de mon procès ?

Quel autre motif pourrait expliquer, et cette marche forcée, et ce refus de secours, de repos, qu'exigeaient ma situation et la conservation même de mes jours? *Mort ou vif, il faut qu'il arrive à Paris*, a-t-on répondu à Moulins.

Le mois de février, tout le mois de mars, une

partie de celui d'avril sont expirés, et je n'ai pas encore été interrogé !

Ce n'est qu'après les instances les plus vives pour être conduit dans un hôpital, ce n'est qu'après vingt jours de privation de toute espèce de secours, que j'obtiens d'être transféré à Montaigu.

Enfin, interrogé deux fois dans le courant d'avril, j'apprends par M. le capitaine rapporteur que l'homme assassiné était mort. Pourquoi cette assertion, dont la fausseté devait être connue de M. le rapporteur ?

Je désirerais de pouvoir me persuader qu'il était dans l'erreur ; mais l'information qu'il avait dû faire pour constater le corps du délit, le lieu, la publicité de l'événement, tout lui fournissait les moyens les plus prompts, les plus faciles, d'éclairer son opinion sur ce point capital.

Il termina ces deux interrogatoires par cette assertion, que Rainfray était mort de ses blessures.

Absolument étranger à ce déplorable événement, cette assertion ne pouvait avoir aucune espèce d'influence sur ma déclaration.

Je restai dans cet état jusqu'à la fin du mois de mai.

Le repos, les soins que je recevais à l'hôpital, m'avaient déjà rendu quelques instans de sommeil ; je n'avais pas eu un moment de repos depuis mon départ de Clermont ; cinq mois s'étaient écoulés ; je venais d'être interrogé deux fois ; je ne pouvais rien concevoir à la lenteur de la procédure.

Pour la première fois, le 29 mai, on me parla de témoins, de me confronter avec Rainfray..... qu'on m'avait dit *mort*.

Etait-ce un expédient imaginé pour savoir quelle

impression ferait sur moi son apparition inattendue ? Je ne l'avais jamais vu ; il me voyait pour la première fois. En interrogeant ses traits et les miens, leur froide immobilité bien naturelle aurait dû suffire pour convaincre M. le rapporteur que ce n'était point là un assassin et sa victime.

Qu'il me soit permis de rappeler ici qu'à l'époque de l'événement du boulevard Poissonnière, je venais à peine d'entrer dans le 2ᵉ régiment de chasseurs à cheval de la Garde, que je portais encore mon uniforme du 4ᵉ régiment de hussards, dans lequel je servais depuis mon entrée dans la carrière militaire, que cet uniforme se distinguait par un *colback noir et un dolman bleu.*

Rainfray déclare « que le militaire qui l'a frappé » avait un schakos rouge orné d'un galon d'or dans » le haut ; qu'il était vêtu de rouge, avec un galon » d'or sur la manche ; qu'il le reconnaîtrait bien, » l'ayant assez remarqué lorsqu'il en fut frappé. »

Un ouvrier qui accompagnait Rainfray lors de l'événement, déclare « n'avoir point vu le meurtrier, « mais que les témoins de la scène l'avaient assuré » que c'était un maréchal de logis habillé de rouge, » et que tout le temps qu'il resta à panser Rainfray, » celui-ci lui protesta qu'il reconnaîtrait bien le *maré-* » *chal de logis qui l'avait frappé.* »

On remarquera combien ces témoignages sont uniformes, et quelle confiance ils devaient inspirer : l'un des témoins est la victime même, l'autre celui qui lui porta les premiers secours.

Il n'en fallait pas davantage pour établir la preuve que le coupable ne pouvait être qu'un maréchal de logis; l'indication de grade était d'autant plus exacte, qu'en ce moment, le coupable se trouvait avec la partie de son régiment, et par conséquent revêtu des marques distinctives de son grade.

Vingt autres témoins ont été entendus; et, sur ce nombre, dix-neuf déposent que le coupable était un maréchal de logis habillé de rouge. Un seul témoin paraît présumer que ce n'était pas un maréchal de logis; mais, sur toutes les autres circonstances, il est parfaitement d'accord, et avec Rainfray, et avec l'ouvrier qui l'accompagnait et qui l'avait pansé.

Tous, sans nulle exception, déclarent, lors de la confrontation, ne point me reconnaître pour celui qui avait frappé Rainfray. Et Rainfray, malgré l'influence d'une prévention presqu'inévitable en pareil cas, répète, sans la moindre hésitation, que le sieur Leblanc qui lui est présenté, n'est point celui qui l'a frappé.

Si l'on voulait convertir en preuve le doute exprimé par un seul témoin, non sur l'identité de l'individu, mais seulement sur son grade, ne pouvait-on lui opposer, avec la certitude du succès, les vingt et une déclarations contraires et absolument concordantes entre elles sur tous les points?

A ces témoignages si clairs, si positifs, ne pouvait-on pas, ne devait-on pas, pour éclairer la conscience des juges, interroger les personnes qui habitaient la maison près de laquelle le fatal événement s'était passé, les officiers du corps auquel appartenait le coupable (1)?

L'information paraissait-elle suffisante? je ne de-

---

(1) Voir *Pièces Justificatives*, n°s 4 et 5.

vais pas même être mis en jugement; mon innocence était évidemment démontrée. La croyait-on incomplète? il fallait, comme je viens de le dire, faire appeler les témoins qu'indiquaient assez clairement le lieu et les circonstances du délit.

Il suffisait, à mon entière justification, que tout autre que moi fût signalé comme auteur du crime; il suffisait qu'aucune charge directe ni indirecte ne s'élevât contre moi.

Croira-t-on que j'ai vainement provoqué ce complément de l'information? J'allais produire des témoins, mais mon insistance même me fut fatale.

On m'avait, sans relâche et sans pitié, traîné de Clermont à Paris, quand on comptait sur des preuves contre moi; on me laissa languir plusieurs fois dans le silence et les angoisses des prisons, quand on cherchait ces preuves. L'information donne un résultat tout en ma faveur; il est démontré que je ne puis être le coupable que l'on cherche; et lorsque je vais prouver que je suis tout autre que lui, on redoute ce dernier trait de lumière. Et, suivant l'exemple du préfet de Moulins, qui avait froidement ordonné qu'on me traînât à Paris *mort ou vif*, on brusque, avec une inconcevable précipitation, le jugement.

Quelles explications donner à la conduite du conseil de guerre?

Conduit après de longues et opiniâtres sollicitations à l'hôpital de Montaigu, chaque jour on demandait au médecin si j'étais en état de marcher. Réponse toujours négative et toujours vraie du docteur (1). Et,

---

(1) Le sous intendant des hôpitaux, M. Debrignant, répondait à mes observations, ces mots dignes de lui : *Bah! vous êtes assez bien portant*

sans l'en prévenir, deux gendarmes m'annoncent que je dois être jugé le lendemain par le conseil de guerre..... Je réclame l'assistance du médecin de la prison : « Il n'a plus besoin de médecin : il va être » jugé, répond-on à ma juste demande. »

J'étais sans force ; je ne tenais plus à la vie que par le sentiment de la douleur. Les secours de l'art pouvaient seuls prolonger ma débile existence ; et on répond : « Il n'a plus besoin de médecin !... » Ma mort était donc résolue et prochaine. On m'arrache de l'hôpital.... Ce ne fut pas le lendemain, mais un mois après, que je fus jugé.

Ces preuves concluantes, ces moyens justificatifs que je voulais produire, quelques jours suffisaient pour les obtenir légalement. Le ministère public avait dit aussi sans doute : *Il suffit qu'il soit accusé, il n'a pas besoin d'innocence.*

Je parais enfin devant le conseil de guerre.

Un jugement me condamne aux fers à perpétuité... J'aurais pu m'épargner tant de maux, nommer les coupables avant ma condamnation.

L'un d'eux m'avait écrit ; il voulait se livrer, pour me soustraire aux chances d'une aussi effrayante procédure....... J'aurais été indigne d'une si noble confiance, si j'avais pu en abuser.... L'honneur, l'humanité repoussaient une pareille révélation (1).

Il me semble qu'un conseil de révision ne devrait pas recevoir de dépositions, lorsqu'il n'est point

---

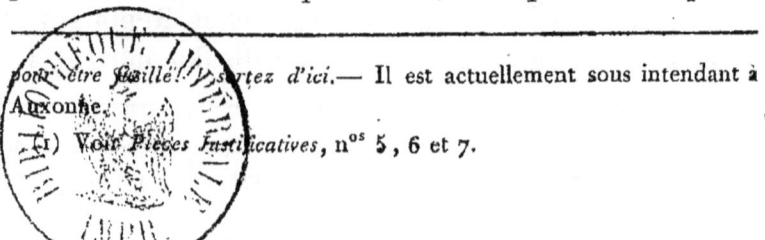

pour être fusillé ! Sortez d'ici. — Il est actuellement sous intendant à Auxonne.

(1) Voir Pièces Justificatives, nos 5, 6 et 7.

appelé à instruire un jugement. C'est cependant ce que fit celui de la 1re division. Il se laissa influencer par la calomnie la plus abominable, celle qui m'accusait d'avoir tué deux hommes pour opinions, à Bourges, en 1815. Ce fait est tellement absurde, que je n'ai jamais vu Bourges.

Le 3e escadron de mon régiment y fut licencié ; j'appartenais au 4e qui fut licencié à Clermont-Ferrand.

Appelé à ne prononcer que sur les formes, le conseil de révision confirma cet inique jugement. Il ne crut pas devoir s'arrêter aux quatorze moyens de nullité dont la procédure se trouvait entachée ; il sauta à pieds joints sur ces moyens : ce conseil était présidé par M. le général Gentil Saint-Alphonse.

Le jugement fatal fut exécuté avec le plus humiliant appareil; à peine avait-il été prononcé, que je fus mis au secret le plus rigoureux ; ceux qui ont éprouvé cette torture morale peuvent seuls connaître ce qu'elle a d'atroce et de flétrissant pour la victime; il n'y manque que la présence du bourreau. Le prisonnier est dépouillé, visité avec la plus indécente rigueur ; on ne lui laisse ni mouchoir, ni cravate, ni bretelles, ni plumes, ni encre, ni livres.... un pain noir.... deux baquets égaux lui sont indiqués, l'un pour y déposer ses excrémens, l'autre contient l'eau qu'il doit boire. Des pensées sinistres l'environnent ; ses verroux se referment. Il reste seul..... dans un tombeau. Une humidité meurtrière glace bientôt tous ses membres, qu'il ne peut reposer sur une paille rare et humide.

Je passai, au milieu de cet appareil de mort, la nuit

qui suivit ce jour affreux. Le lendemain, vingt-cinq gendarmes à cheval et autant à pied, conduits par un officier, vinrent me prendre pour m'escorter jusqu'à la place Vendôme ; le chef insiste pour que je le suive à pied : et ce ne fut qu'après s'être assuré que je ne pouvais marcher, qu'il voulut bien me permettre de prendre une voiture de place que je paierais, et qu'en effet j'ai payée.

Ce chef de l'escorte me fit mettre les fers aux mains, et serrer d'une manière horrible.

Tous les officiers de la garde royale, ceux de tous les corps en garnison à Paris, même ceux des vétérans, des détachemens de tous ces régimens, étaient réunis sur la place Vendôme, et formaient un carré de plus de trois mille hommes.

On me dépose au pied de cette colonne triomphale, consacrée à la gloire des braves de l'ancienne armée; là, M. le vicomte de Courteille, président du conseil de guerre, l'épée haute, m'ordonna de me mettre à genoux, ce que je ne voulus faire. Il ne m'appartient point de rappeler ma réponse à son interpellation et à la formule qui l'a suivie : cette réponse fut courte et fière. Si le Président eût été capable de fixer avec orgueil cette colonne, il aurait pu l'y lire. . . . .

Dans cet humiliant appareil, (1) je me montrai homme et français.

L'injustice n'obtient que de honteux et rapides succès : mes pressentimens ne me trompèrent pas, même

---

(1) Le général Bonnaire a, depuis moi, subi la même infamie; il était

alors ; car j'ai repris mon rang dans la légion des braves.

Je me plais à payer un juste tribut de reconnaissance à M. le maréchal Macdonald, grand chancelier de l'ordre ; c'est à sa justice, à son zèle que je dois d'être parvenu à faire reconnaître mon innocence, d'être réintégré dans l'ordre et rendu à la société.

Mon courage devait être mis bientôt à de nouvelles et plus rudes épreuves.

Ramené de la place Vendôme à l'Abbaye, j'y fus remis au secret ; et j'y restai jusqu'au moment de ma translation .... à Bicêtre. On m'y traîna dans un de ces chariots infâmes, destinés à transférer les plus vils scélérats. Je partageai ce cachot roulant avec trois brigands condamnés aux galères.

Arrivé à Bicêtre, j'y fus jeté dans une grande salle appelée l'infirmerie, au milieu d'une tourbe de scélérats couverts de tous les crimes.

J'eusse péri dans ce cloaque, sans l'héroïque dévoûment d'un ami.

Son éloge se trouve dans le récit même de mes infortunes.

Le 3 septembre, jour fixé pour le départ de la chaîne, j'allais être traîné sur la route de Toulon.... Déjà l'ordre de me *ferrer* avec les autres partans, était donné ; vainement je réclamais un délai motivé sur les démarches de mon ami, M. Klein, pour me soustraire à cette dernière ignominie. Les médecins attestaient qu'affaibli par mes blessures et surtout par les souffrances d'une longue captivité, je ne pouvais

---

condamné au bannissement ; il fut transféré dans la prison de Sainte-Pélagie, où il est mort.

soutenir les fatigues de la route de Paris à Toulon. L'inspecteur Lainé s'opiniâtrait à ce que je fusse *ferré*; c'était m'envoyer à une mort certaine. M. Klein arrive; il prie, il parle avec toute l'énergie d'un ami, toute la politesse d'un homme bien né; les médecins persistent dans leur opinion ; je restai jusqu'au prochain départ de la chaîne.

De nouveaux maux, de nouvelles humiliations m'attendaient encore ; j'avais le malheur d'être considéré, par le concierge Damiron, comme un séditieux ; et j'étais par conséquent en butte à son implacable animosité contre tous les condamnés pour *crime d'opinion*.

Sur le plus léger prétexte, sa haine allait me vouer aux plus cruels supplices. Le cachot..... le cachot et les fers.

J'éprouvai bientôt que mes craintes étaient fondées ; et cependant j'évitai jusqu'à l'apparence d'un reproche mérité. Mais lorsqu'au sein de la capitale, même des hommes *titrés* ne rougissaient pas de s'avilir par la profession volontaire d'espion et de calomniateur, pouvais-je espérer de n'en pas rencontrer à *Bicêtre*, dans ce cloaque de toutes les impuretés et de tous les crimes ? Aussi, à cette époque désastreuse, les calomniateurs politiques pullulaient-ils dans les prisons.

J'évitais le moindre contact avec les voleurs ; mais j'avais cru pouvoir visiter par fois les malheureux condamnés pour opinion. Assiégés d'argus, la plus sévère circonspection dirigeait nos paroles et nos moindres actions. Déjà, sans nulle apparence de raison, MM. Philippe et Bonnassier père et fils avaient éprouvé toute la puissance tyrannique du concierge; leurs plaintes parvenues aux magistrats avaient été accueillies ; mais l'orage n'était que suspendu ; et ces infortunés n'ont trouvé de repos qu'après leur translation dans une autre prison : la clémence du Roi les a rendus depuis à la liberté, à leur famille.

Je ne puis passer sous silence la conduite du concierge Damiron, envers un de mes camarades d'infortune, le capitaine Mary « condamné administrativement à une année de Bicêtre, pour avoir demandé satisfaction d'une insulte à un officier *nouveau venu*.» La mère de ce jeune officier est morte des chagrins que lui a causé cette illégale détention. Un jour qu'elle venait de visiter son fils, à sa demande de voir son enfant, Damiron répond : « *dites donc votre brigand, et non votre enfant....* » Enfin, dans le courant d'octobre, le concierge, voyant arriver le terme de la captivité de mon camarade, lui fit mettre, pendant son absence de son *cabanon*, des limes dans ses effets, afin d'avoir un motif de le dénoncer à la police, de le retenir dans ses fers ou tout au moins de le faire partir dans les bataillons coloniaux. Des voleurs affidés du concierge prétendaient qu'il s'était vanté à eux de cette ruse infernale.

A quelles causes attribuer ce système de persécution suivi, avec un si opiniâtre acharnement, par les agens subalternes, contre les victimes qu'il fallait plaindre et non tourmenter? Prétendaient-ils, par leur zèle cruel, mieux mériter de leur chef? On ne saurait leur supposer d'autre motif que celui d'un sordide intérêt. Leur cœur, fermé à tout sentiment d'honneur et d'humanité, n'est ouvert qu'à l'avarice ; et leur orgueil se venge sur les infortunés confiés à leur garde, de tout le mépris qu'inspire l'abjection de leur emploi.

C'est ainsi que d'infidèles mandataires ont, dans tous les degrés de l'administration publique, tout tenté pour indisposer les citoyens contre le gouvernement, étranger à d'inutiles et cruelles vexations. Damiron disait : « Ceux qui ne sont pas condamnés » pour vols sont des brigands, des Bonapartistes. » Prétendrait-il que les voleurs sont royalistes? cela serait peu flatteur pour cette noble cause, maintenant générale.

Ainsi, en se rendant coupable d'un empoisonnement volontaire, le pharmacien de la prison de Clermont-Ferrand croyait servir une cause qu'il déshonorait.

Que de traits de barbarie et d'immoralité ont flétri mes regards, dans l'affreux séjour de Bicêtre! Je ne dirai pas quel nom auguste était profané dans ces orgies dégoûtantes, que l'on osait présenter comme des fêtes politiques.

Ces attentats, ces profanations de tout ce qu'il y a de plus sacré, n'étaient pas réprimés, mais encouragés par le chef de ce repaire.

Que ne puis-je aussi purger mon imagination de de ces dégoûtans souvenirs!

Je ne dirai que ce que j'ai souffert..

Le 8 ou le 9 octobre 1816, deux brigands, transfuges de plusieurs bagnes, me dénoncèrent au concierge, comme ayant tenu des propos séditieux.

De son autorité privée, sur la simple et tout invraisemblable assertion de ces deux scélérats, sans me permettre la plus légère observation, le concierge Damiron me fait arracher de l'infirmerie et jeter dans un cachot, sans autre aliment qu'une livre de pain noir et de l'eau, sans autre lit qu'un peu de paille, et dans une épaisse et continuelle obscurité; les rats et la vermine se disputaient mes membres et mes alimens.

J'ai contracté, dans ce putride tombeau, une fièvre dont tous les secours de l'art n'ont pu encore me guérir.

Le 30 janvier 1817 avait été fixé pour le départ de la seconde chaîne..... Et la préfecture de police n'avait pas envoyé le sursis demandé par mon ami, avec la plus infatigable, la plus généreuse insistance! Et je savais que le Roi avait commué la peine à laquelle j'avais été condamné! Malgré mes réclamations, l'inspecteur Lainé allait me faire *ferrer*; je lui faisais inutilement observer que le Roi avait bien voulu m'accorder des lettres de grâce (elles étaient signées depuis le 11 décembre 1816); mes remontrances aussi décentes que justes n'obtinrent aucun succès. Le fatal collier allait m'être *rivé*... M. Klein parut et remit au concierge une lettre confirmative de l'acte de justice royale, dont je m'étais prévalu; et M. l'inspecteur voulut bien m'éliminer provisoirement de la liste fatale... Les preuves de mon innocence avaient fixé l'attention du Roi ; sa justice avait réparé l'erreur des juges militaires.

Ces lettres de grâce n'ont été entérinées à la cour royale que le 21 février suivant. J'échappai, pour toujours, au despotisme du concierge Damiron, à ses inspecteurs, à ses espions.

Le 13 mars suivant, sur l'attestation du médecin de la Conciergerie, j'obtins d'être transféré à l'hôpital de Montaigu.

Dans cette nouvelle prison, je ne tardai pas à éprouver la rigueur du commandement de M. le général Despinois. Pendant les quatre premiers mois, ma détention fut absolument un secret.

Enfin, ce ne fut qu'après plusieurs certificats de la faculté du lieu, que M. le général me permit de me promener sur la cour, accompagné d'un employé de la maison. A ma rentrée dans ma chambre, où j'étais seul, l'on refermait la porte à clef jusqu'à ma nouvelle promenade. Tels étaient les moyens de sûreté employés à mon égard!

C'est encore M. le général Despinois qui, malgré les ordres de leurs EExc. le garde des sceaux et le ministre de la guerre (de me faire mettre en liberté, sur le champ, 10 avril 1817), me retint, jusqu'au 14 mai suivant, en exigeant le payement des frais du procès, auxquels je n'étais point tenu d'après ma commutation de peine. Etait-ce encore par mesure de sûreté?... Je ne le crois pas; mais c'était du moins un acte très-arbitraire.

Un nouvel avenir s'ouvrait pour moi; je vis, dans ce premier acte de justice et de bienveillance, l'heureux présage d'une meilleure destinée.

Ma peine n'était que commuée en un emprisonnement de cinq ans; l'entière remise d'une peine que je n'avais pas méritée, importait à mon honneur et à mon existence. Ce jour de bonheur et d'équité à la fin a lui pour moi.

Je fis parvenir à S. M. le tableau fidèle de mes

souffrances et les preuves de mon innocence. Mon ami continua, avec un nouveau zèle, ses généreux efforts. Je suis libre !.... et je ne suis pas consolé !... Mon ami n'est plus !...... Mon bonheur est son ouvrage : je ne pouvais être heureux qu'avec lui et par lui.

La patrie a perdu un de ses ardens défenseurs ; moi, un ami dont le souvenir me sera toujours douloureux et cher.

L'air de la liberté, les embrassemens de mon vieux père m'ont rendu une partie de mes forces.

J'ai réclamé ma retraite, telle que les lois militaires la garantissent; cette réclamation d'une retraite justement méritée n'a point été accueillie : mais du moins j'ai obtenu de M. le directeur du personnel, une explication qui ne me laisse aucun doute sur les motifs de cet inconcevable refus.

Loin de moi la pensée d'imputer ce déni de justice au ministre actuel de la guerre, qui mérite à tant de titres la confiance du Roi et l'estime de l'armée. Le mal se fait rapidement ; il ne se répare qu'avec une désespérante lenteur. Tant d'opérations iniques et vexatoires ont signalé le désastreux ministère du duc de Feltre ! Il n'a pas été possible sans doute de purger encore les bureaux qu'il avait organisés à son gré de tous les élémens d'iniquité et d'esprit de parti qu'il y avait appelés.

Aussi, n'attribué-je point au ministre actuel la lettre vraiment singulière du 15 août 1818, sur laquelle il n'a jeté qu'une signature surprise à sa confiance, et dans laquelle M. le directeur du personnel ne parle pas de la réponse que lui fit M. Christophe, mon ancien colonel au 4ᵉ. de hussards, lorsqu'il lui demanda si je fus officier compris sur les contrôles de son régiment.

Voici un passage de la lettre de M. Christophe:

« Il est bien vrai que M. Leblanc a eté mon adjudant comme il l'est, et qu'il fut fait officier sur le champ de bataille, par suite de blessures. ».

Cette déclaration vraie suffit pour démontrer la fausseté de la note ministérielle, insérée dans le *Journal de Paris* du 29 novembre 1818.

Je sais bien que, faisant connaître de tels faits, je n'améliorerai pas mon sort, ayant contre moi des employés supérieurs au ministère duquel mon sort dépend; mais du moins j'aurai la satisfaction d'avoir dit la vérité, lorsqu'il y avait du danger et par conséquent du courage à la dire.

Certes, le ministre n'eût pas mis au nombre des motifs allégués contre ma réclamation, celui d'avoir servi ma patrie dans les cent jours. Je n'ai dû voir que ses dangers, et j'ai dû voler à sa défense. Pourrait-on me faire un crime de ne m'être point prévalu de mes blessures, pour accepter alors ma retraite? Tout mon sang est à ma patire; et reculer devant les bayonnettes étrangères, aurait été un acte de lâcheté dont l'idée même ne souilla point mon âme.

La retraite qui m'était offerte pendant les cent jours, était celle d'officier ; elle était basée sur mes services jusqu'à cette époque. Ce qui fut juste alors a-t-il cessé de l'être ?

Ce n'est point dans les antichambres ministérielles, dans l'orgueilleuse oisiveté des états-majors de l'intérieur et par de soi-disans jugemens (comme ceux des membres du 2.e conseil de guerre), que j'ai acquis mon grade, mais sur les champs de bataille. J'ai fait toutes les campagnes, depuis mon entrée au service jusqu'à la nouvelle organisation de l'armée.

Sans vouloir m'étayer d'une conduite commune aux soldats de l'ancienne armée, je crois pouvoir revendiquer l'honneur d'un de ces coups du hasard si familiers à ces *rebelles de la Loire* (c'est ainsi qu'on nous nommait, lors des catégories).

Le 25 décembre 1812, près Valence (Espagne), j'eus, pour la troisième fois, un cheval tué sous moi; fait prisonnier par l'ennemi, je parvins à m'échapper; et sans armes, je ramenai au camp un officier espagnol avec son cheval.

C'était une de ces bonnes fortunes de guerre, que je ne cite point par orgueil ; tout autre aurait eu le même courage et le même succès.

Officier en 1814; et lorsque le chef de l'état était dans toute la plénitude de sa puissance, muni d'un titre légal qui constate mon grade, devais-je m'attendre qu'il serait l'objet d'une discussion, lorsque mes blessures, mes services *et un assassinat judiciaire* auraient épuisé mon sang et mes forces ?

Tous les autres officiers de l'armée française dont la charte a garanti le rang et les droits, ont-ils d'autres titres que les miens ? Pourquoi éprouvé-je tant de difficulté à obtenir la même justice? Les catégories du duc de Feltre ont-elles pu anéantir des droits reconnus, proclamés par la loi fondamentale de l'état? Suis-je donc un si grand coupable, d'avoir toujours été fidèle à l'honneur, à ma patrie, à mes sermens?
Et ne me pardonnera-t-on pas le crime *d'avoir sauvé*

deux citoyens à l'état, en préférant les galères à vie, à la cruelle nécessité d'être l'accusateur de deux de mes compagnons d'armes ? »

Il ne manque à ce système d'injustice que de me disputer le titre de *chevalier de la légion d'honneur*; je n'eusse été ni plus affligé, ni plus surpris d'une telle prétention.

Assez d'humiliations, de douleurs et d'iniquités, ont assailli ma triste existence depuis trois ans! Me sera-t-il plus difficile de faire entendre raison aux partisans des catégories, qu'au rédacteur du *Journal de Paris*, qui n'était que leur écho, et qui du moins a réparé l'erreur de la note qu'il avait publiée sans réflexions, et qui n'est plus maintenant une note *secrète*.

Il n'a pas dépendu de moi de prévenir ces scandaleux débats; on peut transiger avec ses intérêts, jamais avec l'honneur; j'ai dû ne pas laisser sans réponse une calomnie qui me blesse dans ce que j'ai de plus cher (1).

J'aurais pu garder le silence sur le taux de ma pension; mais je ne pouvais renoncer à l'indemnité que la loi assigne à mes infirmités et à mon grade bien acquis et bien mérité, sans me rendre indigne de mon grade, de l'estime de mes chefs et de celle de mes camarades, dont les honorables suffrages ne m'ont jamais abandonné dans mes malheurs.

---

(1) Plusieurs journaux n'ayant pu insérer ma réponse, je la joins à mon Mémoire, n° 3.

Tout entier à la reconnaissance que je dois à l'équité réparatrice des premiers magistrats, à la bienveillance fraternelle de mes compagnons d'armes, mon cœur ne peut s'ouvrir à la haine. Je renonce, sans nul effort, au triste droit de la vengeance. Puissent mes juges, que l'exaltation de l'esprit de parti a pu égarer, échapper au supplice des remords! Je ne puis plus que les plaindre et leur pardonner.

Pourtant je me crois en droit (et mon honneur l'exige) de solliciter avec instance ma réintégration, basée sur les preuves évidentes et multipliés de mon innocence.

En vain je voudrais oublier cette dégradation au pied de la colonne triomphale, que mes cicatrices et mon sang, réuni à celui de tant d'autres, avait jusqu'alors étayée...... Là !.... j'ai subi toute la peine due au plus coupable égarement. Toute la justice que j'ai droit d'attendre me sera-t-elle rendue?.:...

A. Leblanc.

PIÈCES JUSTIFICATIVES.

N° 1.

A MM. les Rédacteurs de la Minerve française.

Messieurs,

Je ne puis mieux choisir, pour publier ma réclamation juste et vraie, que votre ouvrage consacré lui-même à la justice et à la vérité, auxquelles vous joignez un amour si connu pour notre chère patrie.

Après une condamnation criminelle pour un fait politique auquel j'étais absolument étranger (comme on l'a reconnu depuis), on a répondu à des demandes faites pour moi, au ministère de la guerre, que Leblanc, mon père, avait vendu le général Pichegru au dernier gouvernement, et que l'on devait poursuivre l'expiation du crime du père sur le fils, en lui refusant de l'emploi dans le civil et dans le militaire.

Je ne veux défendre ni accuser le général Pichegru; la postérité le jugera.

Sans admettre cette solidarité prétendue que la morale naturelle et le droit positif repoussent, il me suffit de dire que mon père, octogénaire vénérable, couvert de blessures acquises dans la défense de sa patrie, n'a jamais vu ni connu le général Pichegru.

C'est une identité de nom dont on voudrait faire une identité de personne, avec un individu dont les mains (*si le fait existe !*) ont été souillées de l'argent du sang. On s'est conduit avec la même bonne foi et la même équité envers le fils : ce serait sans doute encore avec le même succès, si j'eusse gardé le silence.

Agréez, etc. A. Leblanc.

N° 2.

Extrait du Journal de Paris *du 29 novembre 1818, en réponse à la lettre ci-dessus insérée dans le 42ᵉ nᵒ de la* Minerve.

Le fait est que le sieur A. Leblanc n'a jamais été officier par nomination du gouvernement ; qu'il fut admis à la retraite comme adjudant sous-officier et pour cause de blessures, en 1814 ; et que la nomination de lieutenant des chasseurs de l'ex-Garde, qui eut lieu en 1815, était au nom du sieur Charles Frédéric Leblanc, sous-lieutenant au 4ᵉ. de hussards, qui n'en voulut pas profiter, et qui est aujourd'hui en non-activité dans ses foyers.

Ainsi, le sieur A. Leblanc, condamné depuis pour faits politiques et gracié, est aujourd'hui dans la même position qu'en 1814, c'est-à-dire adjudant sous-officier en retraite ; et comme les ordonnances s'opposent à ce qu'il soit rappelé à l'activité, on n'a pas eu besoin de faire aux demandes qu'il dit avoir été présentées pour lui, la réponse ridicule rapportée dans la lettre que la *Minerve* a publiée.

N° 3.

Réponse à l'article du Journal de Paris, *insérée seulement par extrait dans cette feuille.*

Monsieur le Rédacteur,

Si l'article inséré dans votre journal du 29 dernier et qui me concerne, n'eût attaqué que mes intérêts, j'aurais pu garder le silence ; mais il attaque ma réputation : et me taire serait une lâcheté. Vous reconnaissez enfin que je ne fus point l'assassin du sieur Rainfray, qui, le 29 juin 1815, serait mort de ses blessures, que l'on ressuscita le 29 mai 1816, tout exprès pour le confronter avec moi et me confondre ; et qui, devant M. le capitaine rapporteur du deuxième conseil de guerre qui me l'avait assuré mort, apparut tout-à-coup pour déclarer qu'il ne me connaissait pas. M. le rapporteur lui reprocha son peu de mémoire. Ne pas se souvenir qu'on est mort, quand un capitaine rapporteur l'affirme, ne pas reconnaître pour son meurtrier un homme que le rapporteur signale comme tel, est aussi par trop impertinent. M. le rapporteur de Lorme de Lisle ignore donc qu'un voyage chez les morts fait perdre la mémoire en rentrant chez les vivans.

Incapable de faire et de supporter une calomnie, j'ai mis sous vos yeux des pièces constatant irrévocablement que je suis le lieutenant Leblanc de l'ex-Garde, 2e. régiment de chasseurs à cheval. Je crois donc vous avoir convaincu que je n'avais pris le nom de personne; que le Leblanc nommé, en 1815, lieutenant au 2e. régiment de l'ex-Garde, était bien moi et non M. Leblanc (Charles-Frédéric), qui n'en aurait pas voulu profiter (peut-être a-t-il été aussi nommé); je connais particulièrement cet officier, aussi distingué que brave et dévoué à son pays; il est mon camarade depuis long-temps; c'est sur le champ de bataille, combattant pour notre patrie et dans le même corps, que nous obtînmes successivement nos grades.

MM. les officiers de mon régiment, qui sont à Paris, ont attesté mon identité de nom, de personne et de grade. M. le général Merlin, qui commandait le régiment, peut encore l'attester. Le jugement rendu contre moi ne le prouvait-il pas assez? Il y a erreur de personne, non dans le grade, mais bien dans l'accusation dont j'ai été victime; il a bien été démontré qu'un autre que moi avait frappé Rainfray, que je n'étais pas à Paris le jour de l'événement. Sur ce point, l'auteur de la note est assez exact. Mais cette note n'est plus qu'un mensonge, quand l'auteur, quel qu'il soit, soutient que je n'étais en 1814 qu'adjudant sous officier. J'oppose à cette note mon brevet de retraite de sous lieutenant : cette retraite n'étant pas celle due à mon grade et à mes blessures. On se rappelle comment le ministère traitait les officiers de l'armée. Je fis mes réclamations, qui furent accueillis sous le ministère du duc de Dalmatie. Je fus compris sur un nouvel état de retraite; et j'allais recevoir le *maximum* de mon grade, lorsque vinrent les événemens qui me firent remettre en activité, et nommer lieutenant de l'ex-Garde.

Il ne me suffit pas de vous convaincre de ce que je veux bien appeler une erreur; mais il faut aussi que ceux qui ont lu la note *émanée* (dites-vous) du ministère de la guerre, soient détrompés.

Je ne demande que le taux de la retraite que me garantissent les lois, mes blessures et mon grade; je suis loin de nier que j'aie été adjudant sous officier; je répète, avec un noble orgueil, que je fus successivement de hussard officier, passant par tous les grades.

Ma réclamation pourra déplaire à ces hommes qui viennent d'apparaître tout à coup dans les rangs d'une armée qui ne les connaissait pas, qui se sont tout à coup éveillés officiers et généraux, et qui n'étaient pas même soldats la veille. Je redeviendrai avec joie simple hussard, si la défense de ma patrie l'exige; tous les rangs sont honorables, quand on combat pour elle.

Si l'article dont j'ai à me plaindre eût été votre ouvrage, je n'aurais pas été demander un brevet justificatif en police correctionnelle; je n'aime que la seule loi des braves, l'honneur; et vous pouvez l'assurer à l'auteur de la note, quel qu'il soit.

Veuillez, Monsieur, recevoir l'assurance de la considération distinguée avec laquelle j'ai l'honneur d'être, etc.

A. LEBLANC.

N° 4.

JE soussigné, Louis-Alexandre MARTIN, agent de change, demeurant à Paris, rue Poissonnière, n° 37, dans une maison dont les croisées, situées à l'entresol, donnent sur cette rue et sur le boulevard du même nom, atteste, sur mon honneur et sous la foi du serment, la vérité des faits suivans:

Je n'ai point été appelé à déposer dans l'affaire de M. LEBLANC.

Le 29 juin de l'année dernière, vers les neuf heures du

matin, un régiment de cavalerie passait sur le boulevard Poissonnière. Les militaires me parurent très-animés. Après les avoir vus quelques instans, je m'étais remis au travail, lorsqu'on vint me dire qu'un des soldats du régiment avait frappé de son sabre, un individu qui avait crié *vive le roi!* Je me mis à la croisée; on me montra cet individu qui était décolleté, qui portait une redingotte de couleur foncée, et qui me parut âgé de vingt-cinq à vingt-six ans. Il était entouré de femmes et adossé à une voiture de porteur d'eau. Deux minutes après, je vis ce même individu poursuivi par un cavalier qui le pressait vivement le sabre dans les reins; ce même cavalier me paraissait disposé à lui faire un mauvais parti; je me retirai de la croisée. Ce même cavalier était habillé de rouge; je n'ai pas vu sa figure; mais à sa corpulence et à son embonpoint, j'ai jugé que ce n'était point un jeune homme, et qu'il pouvait être âgé d'environ quarante ans. Tels sont les faits qui se sont passés sous mes yeux, et dont je n'ai pas cru devoir refuser l'attestation à M. LEBLANC, qui me l'a fait demander.

Paris, ce 28 juin 1816.

Signé MARTIN.

N° 5.

Nous, officiers de tous grades ayant fait partie du deuxième régiment de chasseurs à cheval de l'ex-Garde, présentement à Paris, faisons serment de dire la vérité et toute la vérité; nous déclarons, en conséquence, que nous n'avons été instruits du procès intenté contre M. LEBLANC, qu'après son jugement, et qu'il n'était plus temps alors de recevoir nos dépositions; mais nous affirmons que M. LEBLANC (Antoine Joseph), lieutenant au deuxième régiment de chasseurs à cheval de l'ex-Garde, n'a jamais porté le costume de ce régiment, qui consiste en un schakos rouge et une pelisse rouge; que, lors de la formation récente du régiment, M. Leblanc sortait du quatrième hussards, en avait conservé l'uniforme, colback noir et dolman bleu, et qu'il ne l'a pas quitté un seul jour.

Certifions et déclarons que le régiment était parti de Paris et était au parc de Clichy dans les journées des 28, 29 et 30 juin 1815.

Nous soussignés, déclarons en outre, sur l'honneur, qu'il est à notre connaissance qu'un militaire de la Garde s'est fait connaître à M. LEBLANC, comme coupable des violences exercées sur un particulier au coin du faubourg Poissonnière ; et que, ne voulant pas laisser périr l'innocent, il invitait M. LEBLANC à faire ce qu'il jugerait convenable ; M. LEBLANC a voulu garder le secret.

De tout quoi nous attestons la vérité pour servir à M. LEBLANC, ce que de raison.

Paris, le 26 juin 1816.

Signés, DUCLOS, lieutenant ; ARDAILLON, PORCHER, CHIRET, JACOB, SAGUIER, et le BARON DE CHAVANGE, chef d'escadron.

N°. 6.

Je soussigné, Paul-Solange CLERJAULT, maréchal-des-logis au premier cuirassiers de la Garde royale, ayant fait partie du deuxième régiment des chasseurs à cheval de l'ex-Garde, déclare que M. LEBLANC, lieutenant audit régiment, n'a porté aucun coup de sabre le jour que le régiment fut sur la route de Vincennes, en juin 1815.

Moi, j'ai la certitude que le maréchal-de-logis H...... est celui qui les a portés. Les nommés Duchassay, fourier, et Jaubard, brigadier au deuxième cuirassiers de la Garde royale, également sortant du deuxième régiment des chasseurs et même compagnie que le sieur H..... ont la même certitude.

De tout quoi j'atteste la vérité des faits ci-dessus, pour servir à M. LEBLANC, ce que de raison.

Paris, ce 22 Août 1817.

Signé, CLERJAULT.

N.° 7.

Je soussigné Joseph-Florentin Moutard, capitaine au deuxième régiment des chasseurs à cheval de l'ex-Garde, présentement à Paris, déclare que M. Leblanc, lieutenant audit régiment, n'a porté aucun coup de sabre sur le boulevard Poissonnière, le jour que le régiment fut sur la route de Vincennes, en juin 1815.

Je soussigné, déclare en outre, sur l'honneur, qu'il est à ma connaissance que l'auteur des coups de sabre s'est fait connaître à M. Leblanc, et qu'il l'invitait à faire tout ce qu'il jugerait convenable ; M. Leblanc a voulu garder le secret.

De tout quoi j'atteste la vérité et délivre le présent à M. Leblanc, pour lui servir et valoir ce que de droit.

Paris, le 9 décembre 1817.

Signé Moutard.

Pour copies conformes aux originaux en mes mains :

A. Leblanc.

N°. 8.

Extrait du Journal du Commerce, du 3 septembre 1817.

La cour d'assises du département de la Charente s'est occupée, le mois dernier, de l'affaire du nommé Lassensac, sous officier, prévenu d'assassinat sur la personne de Pierre Lacroix, cultivateur. L'acte d'accusation portait que, dans le courant de novembre 1815, Lassensac, étant en marche avec un détachement destiné à entrer dans la maison du Roi, avait tiré deux coups de fusil sur deux villageois, qui passaient tranquillement sur la grande route, sous prétexte qu'il avaient refusé de crier *vive le roi!* que l'un de ces villageois, nommé Pierre Lacroix, avait été atteint d'une balle qui lui avait fracassé les reins, et que, par suite de cette blessure, il avait succombé après vingt mois de souffrances.

Après les débats, M. Calandrau, procureur du roi, a demandé la punition de l'accusé, dans un plaidoyer plein d'éloquence.

« Le plus grand malheur d'un peuple, a dit ce magistrat, c'est lorsque le crime et la vertu n'y sont plus envisagés que sous les rapports purement relatifs, lorsque ce qui est réellement punissable en soi cesse de le paraître, par cela seul que le coupable affecte telle ou telle couleur, telle ou telle opinion.

» Le magistrat qui se décide sous de pareilles influences, n'est pas l'homme du souverain, l'homme de la loi, mais l'instrument et le complice des factions.

» Loin de nous ces guerriers farouches, qui tournent contre les sujets du roi des armes données pour les défendre.

» En vain, pour justifier leurs excès, ils voudraient se prévaloir d'une funeste exaltation..... Le gouvernement ne leur a point commis le soin de ses vengeances ; il désavoue en eux des juges sans mission ; il veut surtout, il veut que les acclamations du peuple n'aient rien de forcé.

» Ce n'est point sous le gouvernement du meilleur des pères, ce n'est pas dans une province toute dévouée au roi, qu'il faut recourir aux bayonnettes pour obtenir l'expression d'un vœu qui est dans le cœur de tous les Français. »

Sur la déclaration du jury, l'accusé a été déclaré coupable d'avoir commis ladite tentative par *imprudence*; et la cour l'a condamné *à deux mois d'emprisonnement, à cent francs d'amende et aux frais du procès*...

FIN.

www.ingramcontent.com/pod-product-compliance
Lightning Source LLC
Chambersburg PA
CBHW061009050426
42453CB00009B/1342